Oy Vey! SUDOKU

Frank "The Mensch" Longo

Sterling Publishing Co., Inc.
New York

2 4 6 8 10 9 7 5 3 1

Published by Sterling Publishing Co., Inc.
387 Park Avenue South, New York, NY 10016

Distributed in Canada by Sterling Publishing
c/o Canadian Manda Group, 165 Dufferin Street
Toronto, Ontario, Canada M6K 3H6
Distributed in the United Kingdom by GMC Distribution Services
Castle Place, 166 High Street, Lewes, East Sussex, England BN7 1XU
Distributed in Australia by Capricorn Link (Australia) Pty. Ltd.
P.O. Box 704, Windsor, NSW 2756, Australia

Manufactured in the United States of America

Sterling ISBN-13: 978-1-4027-4010-7
ISBN-10: 1-4027-4010-7

For information about custom editions, special sales, premium and corporate purchases, please contact Sterling Special Sales Department at 800-805-5489 or specialsales@sterlingpub.com.

CONTENTS

INTRODUCTION

Welcome to *Oy Vey! Sudoku*. We are thrilled to present an entire book of sudoku puzzles full of fun Yiddish, Hebrew, and Jewish-related words and phrases.

In the unlikely event that you haven't yet heard of sudoku, this is a type of logic puzzle that recently has become extremely popular and has spread like wildfire in magazines, books, and even tabloid newspapers. The appeal of sudoku lies in its simplicity coupled with its addictiveness.

The rules are very simple. You are given a 9×9 grid subdivided into nine smaller 3×3 sections or "boxes." At the start, you are given a few numbers in the grid. Your task is to place a number in each empty square so that all of the numbers from 1 to 9 appear in each row going across, each column going down, and each smaller 3×3 box. This is accomplished using logic only, so that the solver should never have to blindly guess. Each puzzle has a unique solution; that is, with the starting numbers given, there is only one possible solution that will work.

Here is an example of a typical sudoku puzzle and its solution:

		6			8			
		8		3	5		7	
		3	2			9	4	
7	3	2						
	9		7		3		1	
						7	3	2
	2	9			4	1		
	8		1	5		2		
			6			5		

9	7	6	4	1	8	3	2	5
2	4	8	9	3	5	6	7	1
1	5	3	2	7	6	9	4	8
7	3	2	8	6	1	4	5	9
4	9	5	7	2	3	8	1	6
8	6	1	5	4	9	7	3	2
5	2	9	3	8	4	1	6	7
6	8	4	1	5	7	2	9	3
3	1	7	6	9	2	5	8	4

In *Oy Vey! Sudoku*, however, there are no numbers. It is exactly the same as regular sudoku, except *letters* are used instead of numbers. Below each grid you are given nine different letters. These are the letters to be placed into the grid so that all nine letters appear in each row, each column, and each of the nine 3×3 boxes. Now, here's the fun part: when the puzzle is correctly solved, a nine-letter word or phrase—something related to Judaica—will appear in the grid, either in one of the rows, one of the columns, or on the diagonal from the upper left to the lower right. Here is an example:

		O			T			
		T		E	M		R	
		E	B			Z	I	
R	E	B						
	Z		R		E		A	
						R	E	B
	B	Z			I	A		
	T		A	M		B		
			O			M		

Z O M B I E R A T

Z	R	O	I	A	T	E	B	M
B	I	T	Z	E	M	O	R	A
A	M	E	B	R	O	Z	I	T
R	E	B	T	O	A	I	M	Z
I	Z	M	R	B	E	T	A	O
T	O	A	M	I	Z	R	E	B
M	B	Z	E	T	I	A	O	R
O	T	I	A	M	R	B	Z	E
E	A	R	O	Z	B	M	T	I

In the solution, the phrase MATZO BREI appears in the ninth column.

Note that the letter-based puzzle above is the exact same puzzle as the regular sudoku puzzle on page 4, except that the numbers have been replaced by letters. All the 1's became A's, all the 2's became B's, etc. It is solved exactly the same, but with letters instead of numbers. When solving a number sudoku puzzle, you are constantly saying to yourself "1 2 3 4 5 6 7 8 9" when looking for what numbers are missing. For this reason, we have placed the nine letters below the grid in an arrangement that's easy to remember, in this case "ZOMBIE RAT." You will say "zombie rat" over and over to yourself while solving. As you are solving, you will eventually see a word or phrase being formed. Obviously, the knowledge that a nine-letter word or phrase must appear somewhere in the grid can be quite helpful in the solving process. Filling in the missing letters will give you a little more information than you would have had if the puzzle had just contained numbers. But at no point is it *necessary* to identify the word in the grid to logically solve the puzzle. You could speak Hebrew only, without knowing a word of English, and still logically work your way through each puzzle (though you wouldn't be able to read this introduction). You should be warned, however, that just because a word appears to be forming doesn't necessarily make it the correct word. Logic should always trump assumption!

But we have added even more spice to this mix! Not only are there 9×9 puzzles in this book, but also 8×8 and 10×10 puzzles. The rules and logic are exactly the same in these puzzles. The only difference is that in the 8×8 puzzles, the mini-boxes within the grids are rectangular 4×2 sections rather than the typical square 3×3 sections. And likewise, in the 10×10 puzzles the mini-boxes are rectangular 5×2 sections. As before, you place letters into each grid so that every row, column, and mini-box contains every letter without repeating a letter, whether the total number of letters is eight, nine, or ten.

The puzzles in this book are arranged by increasing difficulty level, as follows:

1–12: Beginner: Klutz-Proof
13–24: Very Easy: Piece of Challah!
25–36: Easy: No Shvitzing Necessary
37–48: Medium: You'll Need Some Chutzpah
49–60: Hard: May Cause Plotzing!
61–72: Expert: For Mavens Only

The harder puzzles may require some advanced logic steps and a bit more patience, but ultimately they can be conquered, as previously stated, without having to resort to flat-out guessing. Always bear in mind that every puzzle has a unique solution.

Whether or not you are new to sudoku—and whether or not you've ever been part of a minyan—I believe you will find these puzzles surprisingly refreshing. I sincerely hope you have as much fun solving them as I did making them. It would be a mitzvah if you solved them all. Shalom!

—Frank "The Mensch" Longo

1

O	D						Y	
		Y	O	D	H			
H	E			A				
R			H			E		
Y		A				X		R
		O			D			T
				X			T	E
			D	E	O	H		
	O						R	Y

E	A	T	H	Y	D	R	O	X

Answer, page 86

2

	M				S	H	U	L
U		L		J				
	S		A		U			
		J		M				
A	U						L	E
				E		R		
			J		M		S	
				H		U		A
S	H	U	L				R	

H	U	R	L	J	A	M	E	S

Answer, page 88

3

	K	A				E		
	S			Y				U
Y	M							L
			Y		S	R		
		Y	E	A	R	S		
		S	U		M			
S							K	Y
U				M			E	
		K				L	S	

R	E	A	L	M	U	S	K	Y

Answer, page 90

4

	N	O	S	H			
K			A	N			
H		A				U	
	C				A		
		N				C	
	U				K		O
			H	S			U
			U	K	N	O	

O	U	C	H	S	A	N	K

Answer, page 81

5

				H	O	R	A
	A		H		N		
		A					R
O		E		M			
			R		E		O
M					A		
		S		A		O	
H	O	R	A				

H	O	R	S	E	M	A	N

Answer, page 82

6

	A	L	E	P	H		
H	S						A
			L				I
		S				P	
	P				I		
R				S			
S						I	E
		E	I	L	P	H	

E	A	R	L	S	H	I	P

Answer, page 84

7

H	I	K	E					G
T				G	H			
		E	K		V			
	K					C	N	
G								V
	E	H					K	
			V		T	N		
			G	I				H
C					K	I	T	E

V	I	N	G	T	H	E	C	K

Answer, page 86

8

			P	E	H		
A	H	E					
		U	C	A		T	
	A						E
E						H	
	T		H	C	P		
					C	A	Z
		C	A	P			

Z	A	P	C	H	U	T	E

Answer, page 81

9

		V		A		O	
E					V		
M	A	T	Z	O			
V						T	
	Z						O
			T	Z	M	L	A
		L					T
	E		V		O		

V	E	L	M	A	T	O	Z

Answer, page 82

10

T	O	R	A				V	
		V	R				E	N
N				V	B			
				T		E		
	B						N	
		T		O				
			S	A				E
E	V				R	N		
	N				T	O	R	A

A	V	E	R	T	S	N	O	B

Answer, page 88

11

		T	R	E	F		
	A			T		Z	
	H						E
E				Z			T
H			N				Z
T						N	
	N		H			T	
		R	F	A	N		

H	E	R	T	Z	F	A	N

Answer, page 84

12

B		H		V				T	A
E			R	T					
				B	E	T	H		I
	T		M						
A		T			H			V	
	M			Z			I		E
						Z		H	
H		B	I	M	A				
					B	I			R
T	R				M		E		H

T	H	E	M	A	R	V	B	I	Z

Answer, page 92

13

			G	O	N	E	F	
E								
O	F		E				S	
	E		A					
Y		U				A		N
					O		G	
	N				E		Y	F
								O
	S	Y	O	U	G			

U	N	E	A	S	Y	F	O	G

Answer, page 90

14

	Y	O	K	E	L		
L			H				
	K			S			
Y		C				O	
	H				K		S
			S			E	
				C			E
		K	O	L	H	S	

S L Y C H O K E

Answer, page 81

15

	S	H	L	E	P		
E							D
			R			I	
		P			H		E
P		L			I		
	H			S			
R							H
		D	H	P	R	E	

S	H	R	E	D	L	I	P

Answer, page 82

16

K			A		T			
			F	G	N	B	A	K
				Z		F		
		K				G		F
	Z						B	
G		A				T		
		N		K				
Z	A	F	T	I	G			
			B		A			G

K	G	B	Z	I	T	F	A	N

Answer, page 86

17

		M	O	H	E	L	
E	C					O	
O				S			
					O		M
L		P					
			S				H
	S					P	E
	L	C	E	O	H		

C	H	O	P	E	L	M	S

Answer, page 84

18

L	E	A	K				
	C		R				
R					L		C
	L			K	A		
		O	S			A	
E		R					S
				L		E	
				C	O	R	K

R O C K S A L E

Answer, page 81

19

		K	N	I	S	H		
S	E							I
	N			H	K			
						S	E	
U			F		H			N
	I	S						
			H	U			S	
F							I	U
		U	I	E	F	R		

F U N H I K E R S

Answer, page 88

20

B	E	N					
		T	I				
I	B		L		S		Z
	S			E			
			N			S	
Z		S		B		N	I
				T	L		
					B	E	N

L	I	S	T	B	E	N	Z

Answer, page 82

21

					P	E	H
		P	H				F
	U						J
		F	E	S		O	
	H		F	P	S		
U						F	
S				H	F		
F	E	H					

J	E	H	U	F	O	P	S

Answer, page 84

22

				I	Y	A	R
			R				
P	Y	A		S			I
	R				D		
		O				I	
S			I		O	D	Y
				Y			
Y	S	R	O				

R A D I O S P Y

Answer, page 81

23

M								
		I	R		A			
C	H	A	I	M				E
		E			I	M		
	A			D			H	
		H	A			I		
O				C	H	A	I	M
			M		D	O		
								C

C H O I R D A M E

Answer, page 90

24

P		C						U	
				S			I	N	P
				P	A	S	C	H	
				H				E	U
T			P		I	U			
			U	N		C			A
N	T				P				
	P	A	S	C	H				
U	H	T			E				
	N						T		H

P	A	U	N	C	H	I	E	S	T

Answer, page 94

25

	D			A	L	E	F
	E			S	N		
		I	E			F	
L							
							L
	N			D	E		
		S	D			L	
A	L	E	F			I	

F	E	D	S	N	A	I	L

Answer, page 82

26

		A	T	O	N	E	
	C			A	E	T	
	A						C
E						I	
	N	O	C			V	
	E	I	N	V	O		

I	N	V	O	C	A	T	E

Answer, page 84

27

		P	U	R	I	M		
		U	P	S			R	
	S		O					U
			K			S	M	
	Y	K			P			
O					R		K	
	I			P	S	O		
		S	M	O	K	Y		

O	P	R	Y	M	U	S	I	K

Answer, page 86

28

				D				R	T
	E			A				P	
	A			S	C	H	L	E	P
		H					D		
						E	S		L
A		E	H						
		R					P		
P	T	L	S	H	E			C	
	D				S			T	
H	R				A				

S	C	H	L	E	P	D	A	R	T

Answer, page 92

29

		A		U			
	E	P	H	A			
				S			E
	P	S					Z
H					S	M	
Z			P				
			Z	P	U	H	
			A		M		

Z	A	P	S	H	U	M	E

Answer, page 81

30

			D		C		
		T	A	M	I	D	
		U					
				D	L	C	
	I	M	C				
					M		
	D	C	U	A	T		
		L		U			

M	A	I	L	D	U	C	T

Answer, page 82

31

Z	A	Y	I	N				
C					A		Y	
	T			Y			N	A
O				Z	C			
			Y	O				T
I	O			A			S	
	S		O					N
				T	I	O	Z	C

C	O	Z	Y	S	A	I	N	T

Answer, page 88

32

M			G			T	A	E	
					S				
	O								A
	B			G	O	L	E	M	
				O			M	A	Z
G	Z	M			B				
	G	O	L	E	M			T	
A								Z	
				B					
	L	Z	M			G			S

G L A Z E T O M B S

Answer, page 94

33

	I				D	M	
		M	O	S	H	E	
		S	M	H			
		D					
					S		
			E	M	I		
	M	O	D	A	E		
	S	A				D	

I	H	A	D	S	O	M	E

Answer, page 84

34

	S	C	H	U	L		
					R		S
H							
			A		C	G	
	G	R		L			
							U
U		H					
		L	R	A	S	U	

C	A	R	L	H	U	G	S

Answer, page 83

3 5

				E	S	A	U
S			U				
	M		R				
		E		M	R	S	
	G	M	A		E		
				A		M	
				R			M
R	U	G	M				

S	H	A	R	E	G	U	M

Answer, page 85

36

		H	E	R	Z	L			S
						I		E	
						O		H	E
O					D		I		
			O	E	I		S	Z	
	L	I		H	R	E			
		K		O					Z
I	Z		D						
	S		K						
R			L	D	E	S	O		

L	O	D	Z	H	I	K	E	R	S

Answer, page 92

37

	K		S				T	M
	T							
			L	A	T	K	E	S
		M						E
	A			E			O	
O						N		
S	L	K	A	T	N			
							N	
E	O				L		K	

T O M S A N K L E

Answer, page 90

38

	A	V	H	E	M		
	C			S			
		A	M		V	H	
	E	M		A	C		
			A			T	
		S	C	H	A	V	

C H E M V A T S

Answer, page 83

39

	K	U	G	E	L		
E						K	U
G			K				L
						A	
	I						
L				N			E
U	G						I
		I	L	A	E	U	

L	I	K	E	A	G	U	N

Answer, page 85

40

			C	O	H	E	N	
N	E					H	O	
H			A					I
	Z							
			I	A	N			
							H	
E					A			O
	C	Z					A	E
	A	R	E	I	Z			

C H A I R Z O N E

Answer, page 87

41

			Z	N				C	
I	S	C	T	K			H	N	
		H			E	K			
C				T	H			Z	
N		K							
							K		A
	Z			S	C				T
			N	H			Z		
	N	Z			S	H	T	I	K
	K				Z	N			

C H E Z A T K I N S

Answer, page 94

42

	C			B	R	I	S	
		B		T		H	R	
			S					B
A	H				T			
				I				
			H				T	R
T					H			
	S	A		R		P		
	B	R	I	S			A	

B	I	R	T	H	C	A	P	S

Answer, page 89

4 3

		S	T	O	F	H	R
T		R				O	F
A							
							O
O	S				E		T
S	H	O	F	A	R		

O	R	E	S	H	A	F	T

Answer, page 83

44

B	L	I	N	T	Z			
H		T			A			B
						T		
	A					H		
R				B				I
		H					L	
		B						
N			L			B		Z
			B	R	T	A	N	H

B	A	R	T	H	L	I	N	Z

Answer, page 91

45

		A				H	
			E				
		E	A		I	G	
		G		A	L	E	F
I	A	F	H		G		
	S	L		F	H		
				L			
	I				F		

H	A	G	S	L	I	F	E

Answer, page 85

46

			E		A				
		R				S			
				S	I			Y	
	W			I	S	R	A	E	L
I			R			L		D	E
E	D		L			A			I
S	R	L	D	E	T			I	
	A			W	E				
			Y				D		
				D		T			

S	A	T	W	E	I	R	D	L	Y

Answer, page 92

47

						I	T
				L	M		
		N	G	T	I	M	
L		M		S			
			E		S		M
	G	I	M	E	L		
		G	S				
M	T						

S	M	E	L	T	I	N	G

Answer, page 83

48

							H		O
		M			T	A		C	
	S					I			P
		T		P	A	S	C	H	
T								S	C
S	O								H
	M	K	T	A	C		S		
I			S					M	
	I		M	K			P		
P		H							

P	I	C	K	T	H	O	M	A	S

Answer, page 94

49

H							
			S	A	D	H	E
		L				E	O
	E				H		
		A				O	
Y	D				A		
O	L	S	D	H			
							S

S	H	O	E	L	A	D	Y

Answer, page 85

50

	D		M	A	V	E	N	
		V		G		M		
M					E			
								N
N		I				A		G
G								
			I					M
		K		M		N		
	M	A	V	E	N		K	

V E G K I D M A N

Answer, page 87

51

	T		I	L		F			
		G						H	T
T					E				G
		F	A	I	T	H			
A	L								
								F	N
			N	E	L	G	V		
F				G					E
E	I						T		
			H		N	I		G	

F	L	I	G	H	T	V	A	N	E

Answer, page 93

52

		E			B	T			
T	O					C	D		
	T	R	E	F		D		O	
		C			E	F			
N			D					T	
	C					E			R
			F	R			A		
	A		O		T	R	E	F	
		O	C					E	B
			B	T			O		

B	O	N	E	D	C	R	A	F	T

Answer, page 95

53

	O							H
M		N	O	S	H		I	
E		H	C					
					I	E		
N			H		O			I
		E	S					
					C	I		N
	I		N	O	S	H		C
C							S	

M I C H E L S O N

Answer, page 89

54

N			B	E	T	H	
					B	M	I
		H		A		I	
	A						
						E	
	N		M		I		
T	M	I					
	B	N	A	I			H

T	H	I	N	B	E	A	M

Answer, page 83

55

		P	E	H				C
	S		P			D	E	
					C		P	R
A					P			
		R		S		C		
			A					I
H	P		C					
	D	C			R		I	
R				P	E	H		

C R I S P H E A D

Answer, page 91

56

	O							
		U					R	
G			R	B			E	
U				Z	I	O	N	
O			E		B			I
	Z	I	O	N				B
	B			E	U			R
	G					Z		
							B	

G	O	R	E	Z	U	B	I	N

Answer, page 87

57

H	O			E	Z	R	A
	A						
	E						
A			T		F		
		H		O			E
						H	
						A	
E	Z	R	A			O	H

F R O Z E H A T

Answer, page 85

58

	E				L	O	D	
R		L		E			P	
							R	
				X			L	
		A	D	L	E	R		
	L			R				
	S							
	O			P		E		D
	R	D	E				O	

D	R	O	P	S	A	X	L	E

Answer, page 89

59

		O						A	
C	A	R	M	E	L			S	
		W		M		E			
		A		L			R		W
		E			O				A
O				S			E		
S		C			R		L		
			L		E		S		
	L			O	F	M	C	E	R
	F						A		

F	O	W	L	S	C	R	E	A	M

Answer, page 93

60

				J	O	N	A	H	
A					J				Y
				Y		M			
O		E	H			Y		N	
	D		N		A			Y	
	Y			O		E		J	
	S		J			A	M		H
			O		N				
H				D					E
	A	O	E	S	M				

J	E	D	M	A	Y	N	O	S	H

Answer, page 95

61

		E					
	H		T			S	
	E		S	H	T	I	K
			I	S			
			H	L			
T	S	L	P	I		H	
	L			T		E	
					I		

H	E	L	P	K	I	T	S

Answer, page 83

62

	K	O	S	H	E	R			
I							S		
	S			O		E	I	L	
					V		A		
V				E	H	A			
			H	A	S				E
		K		I					
	H	R	E		L			A	
		E							R
			O	K	A	S	E	V	

I	L	O	V	E	S	H	A	R	K

Answer, page 93

63

	A				R	U	T	H	
	H						L		
		Y		P					E
	T			R		Y	C		
L	U	P	C						R
R						L	P	A	U
		R	A		Y			C	
Y					P		E		
		E						R	
	R	U	T	H				E	

T	R	U	L	Y	C	H	E	A	P

Answer, page 95

64

					O	M	R	I
	D		G			L		
M				R		D		
			R	L				
L								G
				A	I			
		E		M				L
		I			R		M	
O	M	R	I					

R	A	I	D	G	O	L	E	M

Answer, page 91

65

	J	E	W	I	S	H	
		S					J
					T	S	
				J			E
S			I				
	T	H					
W					J		
	I	T	J	S	W	Z	

J	E	T	S	W	H	I	Z

Answer, page 85

66

		G	I	D	E	O	N		
N			O	S	I				
		I						A	
						N		T	E
D							S	I	
	G	A							T
O	M		A						
	I						D		
				G	O	D			I
		T	D	I	M	G	A		

MODESTGAIN

Answer, page 93

67

S		D		H	N			
O		H						
	I						S	
		S	H	A	R	O	N	
			N		I			
	H	A	O	S	D	I		
	D						A	
						H		O
			A	I		E		N

R H O D E S I A N

Answer, page 87

68

						O	
	B				T		E
H	E	B	R	O	N		
				R			B
B			N				
		A	H	N	B	R	T
N		O				A	
	A						

RATHBONE

Answer, page 96

69

	L		T	R	I	B	E		
			B		A		R		
				T				B	O
N						T	I		
E		B			L				
				L			N		G
		O	N						B
T	I				E				
		T		O		R			
		N	R	I	O	G		A	

B	O	G	A	R	T	L	I	N	E

Answer, page 95

70

		H	O	S	E	A		
R								H
					R		T	
T		A				N		
			A	O	N			
		E				R		O
	S		E					
A								L
		R	T	L	A	O		

R O S E N T H A L

Answer, page 89

71

			O	N				C
	I				A	M	O	S
			I					P
						O	C	
		M		P		A		
	N	H						
I					H			
A	M	O	S				H	
H				O	P			

C	H	A	M	P	I	O	N	S

Answer, page 91

72

F		T	N					
A					R		N	
	N		F	A	I	T	H	
					A	I		
	T						A	
		S	H					
	F	A	I	T	H		R	
	H		S					A
					F	H		N

R	E	N	T	A	F	I	S	H

Answer, page 96

4

C	N	O	S	H	U	K	A
K	H	U	A	N	O	S	C
H	K	A	O	C	S	U	N
U	C	S	N	O	A	H	K
O	A	N	K	U	H	C	S
S	U	H	C	A	K	N	O
N	O	K	H	S	C	A	U
A	S	C	U	K	N	O	H

8

C	U	T	P	E	H	Z	A
A	H	E	Z	U	T	P	C
H	E	U	C	A	Z	T	P
P	A	Z	T	H	U	C	E
E	C	P	U	Z	A	H	T
Z	T	A	H	C	P	E	U
U	P	H	E	T	C	A	Z
T	Z	C	A	P	E	U	H

14

S	Y	O	K	E	L	H	C
L	C	E	H	K	S	Y	O
O	K	H	E	S	Y	C	L
Y	S	C	L	H	E	O	K
E	H	Y	C	O	K	L	S
K	O	L	S	Y	C	E	H
H	L	S	Y	C	O	K	E
C	E	K	O	L	H	S	Y

18

L	E	A	K	S	R	C	O
O	C	S	R	A	K	L	E
R	O	K	A	E	L	S	C
S	L	E	C	K	A	O	R
C	K	O	S	R	E	A	L
E	A	R	L	O	C	K	S
K	R	C	O	L	S	E	A
A	S	L	E	C	O	R	K

22

D	O	S	P	I	Y	A	R
A	I	Y	R	O	P	S	D
P	Y	A	D	S	R	O	I
O	R	I	S	A	D	Y	P
R	D	O	Y	P	A	I	S
S	A	P	I	R	O	D	Y
I	P	D	A	Y	S	R	O
Y	S	R	O	D	I	P	A

29

M	Z	A	S	U	E	P	H
U	E	P	H	A	Z	S	M
A	H	Z	M	S	P	U	E
E	P	S	U	M	H	A	Z
H	A	U	E	Z	S	M	P
Z	S	M	P	H	A	E	U
S	M	E	Z	P	U	H	A
P	U	H	A	E	M	Z	S

5

S	N	M	E	H	O	R	A
R	A	O	H	E	N	S	M
N	H	A	M	O	S	E	R
O	R	E	S	M	H	A	N
A	S	H	R	N	E	M	O
M	E	N	O	R	A	H	S
E	M	S	N	A	R	O	H
H	O	R	A	S	M	N	E

9

L	T	V	M	A	Z	O	E
E	O	Z	A	T	V	M	L
M	A	T	Z	O	L	E	V
V	L	O	E	M	A	T	Z
A	Z	M	L	E	T	V	O
O	V	E	T	Z	M	L	A
Z	M	L	O	V	E	A	T
T	E	A	V	L	O	Z	M

15

D	S	H	L	E	P	R	I
E	R	I	P	H	L	S	D
H	D	E	R	L	S	I	P
S	L	P	I	R	H	D	E
P	E	L	S	D	I	H	R
I	H	R	D	S	E	P	L
R	P	S	E	I	D	L	H
L	I	D	H	P	R	E	S

20

B	E	N	S	L	Z	I	T
L	Z	T	I	S	N	B	E
I	B	E	L	N	S	T	Z
N	S	Z	T	E	I	L	B
T	I	B	N	Z	E	S	L
Z	L	S	E	B	T	N	I
E	N	I	B	T	L	Z	S
S	T	L	Z	I	B	E	N

25

S	D	N	I	A	L	E	F
F	E	L	A	S	N	D	I
D	S	I	E	L	A	F	N
L	F	A	N	I	D	S	E
E	A	D	S	F	I	N	L
I	N	F	L	D	E	A	S
N	I	S	D	E	F	L	A
A	L	E	F	N	S	I	D

30

L	M	I	D	T	C	U	A
C	U	T	A	M	I	D	L
D	C	U	L	I	A	M	T
M	T	A	I	D	L	C	U
A	I	M	C	L	U	T	D
U	L	D	T	C	M	A	I
I	D	C	U	A	T	L	M
T	A	L	M	U	D	I	C

34

R	S	C	H	U	L	A	G
L	U	A	G	C	R	H	S
H	R	G	C	S	U	L	A
S	L	U	A	H	C	G	R
A	G	R	U	L	H	S	C
C	H	S	L	G	A	R	U
U	A	H	S	R	G	C	L
G	C	L	R	A	S	U	H

38

S	A	V	H	E	M	C	T
M	C	T	E	S	H	A	V
C	S	H	V	T	E	M	A
E	T	A	M	C	V	H	S
V	E	M	T	A	C	S	H
A	H	C	S	V	T	E	M
H	V	E	A	M	S	T	C
T	M	S	C	H	A	V	E

43

H	O	F	R	T	S	E	A
E	A	S	T	O	F	H	R
T	E	R	S	H	A	O	F
A	F	H	O	E	T	R	S
F	R	T	E	S	H	A	O
O	S	A	H	R	E	F	T
S	H	O	F	A	R	T	E
R	T	E	A	F	O	S	H

47

G	M	S	L	N	E	I	T
I	E	T	N	L	M	S	G
E	S	N	G	T	I	M	L
L	I	M	T	S	G	N	E
T	N	L	E	I	S	G	M
S	G	I	M	E	L	T	N
N	L	G	S	M	T	E	I
M	T	E	I	G	N	L	S

54

N	I	M	B	E	T	H	A
H	E	A	T	N	B	M	I
M	T	H	N	A	E	I	B
I	A	B	E	T	H	N	M
B	H	T	I	M	A	E	N
A	N	E	M	H	I	B	T
T	M	I	H	B	N	A	E
E	B	N	A	I	M	T	H

61

S	I	E	L	P	H	K	T
P	H	K	T	E	L	S	I
L	E	P	S	H	T	I	K
K	T	H	I	S	E	P	L
E	K	I	H	L	S	T	P
T	S	L	P	I	K	H	E
I	L	S	K	T	P	E	H
H	P	T	E	K	I	L	S

6

I	A	L	E	P	H	S	R
H	S	P	R	I	E	L	A
P	H	R	L	A	S	E	I
E	I	S	A	H	R	P	L
L	P	A	S	E	I	R	H
R	E	I	H	S	L	A	P
S	L	H	P	R	A	I	E
A	R	E	I	L	P	H	S

11

N	Z	T	R	E	F	H	A
F	A	H	E	T	R	Z	N
R	H	Z	T	N	A	F	E
E	F	N	A	Z	H	R	T
H	E	F	N	R	T	A	Z
T	R	A	Z	H	E	N	F
A	N	E	H	F	Z	T	R
Z	T	R	F	A	N	E	H

17

S	P	M	O	H	E	L	C
E	C	L	H	M	S	O	P
O	M	H	P	S	C	E	L
C	E	S	L	P	O	H	M
L	H	P	C	E	M	S	O
M	O	E	S	L	P	C	H
H	S	O	M	C	L	P	E
P	L	C	E	O	H	M	S

21

J	F	U	S	O	P	E	H
E	O	P	H	U	J	S	F
P	U	S	O	F	E	H	J
H	J	F	E	S	U	O	P
O	H	E	F	P	S	J	U
U	S	J	P	E	H	F	O
S	P	O	J	H	F	U	E
F	E	H	U	J	O	P	S

26

C	I	A	T	O	N	E	V
N	O	E	V	C	T	A	I
O	C	V	I	A	E	T	N
T	A	N	E	I	V	O	C
E	V	T	A	N	C	I	O
I	N	O	C	T	A	V	E
V	T	C	O	E	I	N	A
A	E	I	N	V	O	C	T

33

H	I	E	S	O	D	M	A
D	A	M	O	S	H	E	I
O	E	S	M	H	A	I	D
A	H	D	I	E	M	O	S
M	O	I	A	D	S	H	E
S	D	H	E	M	I	A	O
I	M	O	D	A	E	S	H
E	S	A	H	I	O	D	M

35

M	H	R	G	E	S	A	U
S	E	A	U	G	M	H	R
G	M	S	R	H	A	U	E
U	A	E	H	M	R	S	G
H	G	M	A	U	E	R	S
E	R	U	S	A	G	M	H
A	S	H	E	R	U	G	M
R	U	G	M	S	H	E	A

39

A	K	U	G	E	L	I	N
E	L	N	I	G	A	K	U
G	U	A	K	I	N	E	L
I	E	L	N	U	G	A	K
N	I	G	E	K	U	L	A
L	A	K	U	N	I	G	E
U	G	E	A	L	K	N	I
K	N	I	L	A	E	U	G

45

F	G	A	S	I	E	H	L
H	L	I	E	G	S	F	A
L	F	E	A	H	I	G	S
S	H	G	I	A	L	E	F
I	A	F	H	S	G	L	E
E	S	L	G	F	H	A	I
G	E	S	F	L	A	I	H
A	I	H	L	E	F	S	G

49

H	A	D	E	S	O	L	Y
L	O	Y	S	A	D	H	E
D	H	L	A	Y	S	E	O
S	E	O	Y	L	H	A	D
E	S	A	L	D	Y	O	H
Y	D	H	O	E	A	S	L
O	L	S	D	H	E	Y	A
A	Y	E	H	O	L	D	S

57

H	O	T	F	E	Z	R	A
Z	A	E	R	H	O	T	F
R	E	F	O	A	H	Z	T
A	H	Z	T	R	F	E	O
T	R	H	Z	O	A	F	E
O	F	A	E	T	R	H	Z
F	T	O	H	Z	E	A	R
E	Z	R	A	F	T	O	H

65

T	J	E	W	I	S	H	Z
I	Z	S	H	T	E	W	J
J	E	I	Z	H	T	S	W
H	S	W	T	J	Z	I	E
S	W	J	I	Z	H	E	T
Z	T	H	E	W	I	J	S
W	H	Z	S	E	J	T	I
E	I	T	J	S	W	Z	H

1

O	D	X	R	T	E	A	Y	H
A	R	Y	O	D	H	T	E	X
H	E	T	X	A	Y	R	O	D
R	T	D	H	Y	X	E	A	O
Y	H	A	E	O	T	X	D	R
E	X	O	A	R	D	Y	H	T
D	A	H	Y	X	R	O	T	E
T	Y	R	D	E	O	H	X	A
X	O	E	T	H	A	D	R	Y

7

H	I	K	E	N	C	T	V	G
T	C	V	I	G	H	K	E	N
N	G	E	K	T	V	H	I	C
V	K	T	H	E	G	C	N	I
G	N	C	T	K	I	E	H	V
I	E	H	C	V	N	G	K	T
E	H	I	V	C	T	N	G	K
K	T	N	G	I	E	V	C	H
C	V	G	N	H	K	I	T	E

16

K	F	G	A	B	T	N	I	Z
T	I	Z	F	G	N	B	A	K
A	N	B	K	Z	I	F	G	T
N	T	K	I	A	B	G	Z	F
F	Z	I	G	T	K	A	B	N
G	B	A	N	F	Z	T	K	I
B	G	N	Z	K	F	I	T	A
Z	A	F	T	I	G	K	N	B
I	K	T	B	N	A	Z	F	G

27

Y	K	P	U	R	I	M	S	O
I	O	U	P	S	M	K	R	Y
R	S	M	O	K	Y	I	P	U
U	R	I	K	Y	O	S	M	P
M	P	O	S	I	U	R	Y	K
S	Y	K	R	M	P	U	O	I
O	M	Y	I	U	R	P	K	S
K	I	R	Y	P	S	O	U	M
P	U	S	M	O	K	Y	I	R

40

Z	R	I	C	O	H	E	N	A
N	E	A	Z	R	I	H	O	C
H	O	C	A	N	E	Z	R	I
A	Z	N	H	E	C	O	I	R
R	H	O	I	A	N	C	E	Z
C	I	E	O	Z	R	A	H	N
E	N	H	R	C	A	I	Z	O
I	C	Z	N	H	O	R	A	E
O	A	R	E	I	Z	N	C	H

50

K	D	G	M	A	V	E	N	I
E	I	V	N	G	K	M	D	A
M	A	N	D	I	E	K	G	V
A	K	M	G	V	I	D	E	N
N	E	I	K	D	M	A	V	G
G	V	D	E	N	A	I	M	K
D	N	E	I	K	G	V	A	M
V	G	K	A	M	D	N	I	E
I	M	A	V	E	N	G	K	D

56

B	O	R	U	G	E	N	I	Z
Z	E	U	N	I	O	B	R	G
G	I	N	R	B	Z	U	E	O
U	R	B	G	Z	I	O	N	E
O	N	G	E	U	B	R	Z	I
E	Z	I	O	N	R	G	U	B
N	B	O	Z	E	U	I	G	R
I	G	E	B	R	N	Z	O	U
R	U	Z	I	O	G	E	B	N

67

S	R	D	I	H	N	A	O	E
O	A	H	S	D	E	N	R	I
E	I	N	R	O	A	D	S	H
I	E	S	H	A	R	O	N	D
D	O	R	N	E	I	S	H	A
N	H	A	O	S	D	I	E	R
H	D	I	E	N	O	R	A	S
A	N	E	D	R	S	H	I	O
R	S	O	A	I	H	E	D	N

2

J	M	A	E	R	S	H	U	L
U	E	L	M	J	H	S	A	R
H	S	R	A	L	U	E	M	J
E	R	J	U	M	L	A	H	S
A	U	H	R	S	J	M	L	E
M	L	S	H	E	A	R	J	U
R	A	E	J	U	M	L	S	H
L	J	M	S	H	R	U	E	A
S	H	U	L	A	E	J	R	M

10

T	O	R	A	N	E	S	V	B
B	A	V	R	S	O	T	E	N
N	S	E	T	V	B	R	A	O
A	R	N	B	T	S	E	O	V
O	B	S	E	R	V	A	N	T
V	E	T	N	O	A	B	S	R
R	T	O	S	A	N	V	B	E
E	V	A	O	B	R	N	T	S
S	N	B	V	E	T	O	R	A

19

R	U	K	N	I	S	H	F	E
S	E	H	R	F	U	K	N	I
I	N	F	E	H	K	U	R	S
K	F	N	U	R	I	S	E	H
U	R	E	F	S	H	I	K	N
H	I	S	K	N	E	F	U	R
E	K	I	H	U	R	N	S	F
F	H	R	S	K	N	E	I	U
N	S	U	I	E	F	R	H	K

31

Z	A	Y	I	N	O	C	T	S
C	I	N	T	S	A	Z	Y	O
S	T	O	C	Y	Z	I	N	A
O	Y	T	N	Z	C	S	A	I
N	C	S	A	I	T	Y	O	Z
A	Z	I	Y	O	S	N	C	T
I	O	C	Z	A	N	T	S	Y
T	S	Z	O	C	Y	A	I	N
Y	N	A	S	T	I	O	Z	C

42

P	C	H	A	B	R	I	S	T
S	A	B	P	T	I	H	R	C
I	R	T	S	H	C	A	P	B
A	H	S	R	C	T	B	I	P
R	T	P	B	I	S	C	H	A
B	I	C	H	P	A	S	T	R
T	P	I	C	A	H	R	B	S
H	S	A	T	R	B	P	C	I
C	B	R	I	S	P	T	A	H

53

S	O	I	E	M	L	C	N	H
M	C	N	O	S	H	L	I	E
E	L	H	C	I	N	O	M	S
O	S	C	L	N	I	E	H	M
N	M	L	H	E	O	S	C	I
I	H	E	S	C	M	N	L	O
H	E	S	M	L	C	I	O	N
L	I	M	N	O	S	H	E	C
C	N	O	I	H	E	M	S	L

58

X	E	P	R	S	L	O	D	A
R	D	L	O	E	A	X	P	S
S	A	O	X	D	P	L	R	E
E	P	R	A	X	S	D	L	O
O	X	A	D	L	E	R	S	P
D	L	S	P	R	O	A	E	X
A	S	E	L	O	D	P	X	R
L	O	X	S	P	R	E	A	D
P	R	D	E	A	X	S	O	L

70

L	T	H	O	S	E	A	N	R
R	E	N	L	A	T	S	O	H
S	A	O	N	H	R	L	T	E
T	O	A	R	E	L	N	H	S
H	R	S	A	O	N	E	L	T
N	L	E	H	T	S	R	A	O
O	S	L	E	N	H	T	R	A
A	N	T	S	R	O	H	E	L
E	H	R	T	L	A	O	S	N

3

L	K	A	M	R	U	E	Y	S
E	S	R	K	Y	L	M	A	U
Y	M	U	A	S	E	K	R	L
K	U	E	Y	L	S	R	M	A
M	L	Y	E	A	R	S	U	K
R	A	S	U	K	M	Y	L	E
S	R	M	L	E	A	U	K	Y
U	Y	L	S	M	K	A	E	R
A	E	K	R	U	Y	L	S	M

13

S	U	A	G	O	N	E	F	Y
E	Y	G	U	S	F	O	N	A
O	F	N	E	Y	A	U	S	G
G	E	F	A	N	U	Y	O	S
Y	O	U	F	G	S	A	E	N
N	A	S	Y	E	O	F	G	U
U	N	O	S	A	E	G	Y	F
A	G	E	N	F	Y	S	U	O
F	S	Y	O	U	G	N	A	E

23

M	O	R	D	E	C	H	A	I
E	D	I	R	H	A	C	M	O
C	H	A	I	M	O	R	D	E
D	C	E	H	R	I	M	O	A
I	A	O	C	D	M	E	H	R
R	M	H	A	O	E	I	C	D
O	R	D	E	C	H	A	I	M
A	E	C	M	I	D	O	R	H
H	I	M	O	A	R	D	E	C

37

A	K	E	S	N	O	L	T	M
L	T	S	E	M	K	O	A	N
M	N	O	L	A	T	K	E	S
K	S	M	N	O	A	T	L	E
N	A	L	T	E	S	M	O	K
O	E	T	K	L	M	N	S	A
S	L	K	A	T	N	E	M	O
T	M	A	O	K	E	S	N	L
E	O	N	M	S	L	A	K	T

44

B	L	I	N	T	Z	R	H	A
H	N	T	R	I	A	L	Z	B
Z	R	A	H	L	B	T	I	N
T	A	N	I	Z	L	H	B	R
R	Z	L	T	B	H	N	A	I
I	B	H	A	N	R	Z	L	T
A	T	B	Z	H	N	I	R	L
N	H	R	L	A	I	B	T	Z
L	I	Z	B	R	T	A	N	H

55

D	R	P	E	H	A	I	S	C
C	S	A	P	R	I	D	E	H
I	E	H	S	D	C	A	P	R
A	I	S	R	C	P	E	H	D
E	H	R	I	S	D	C	A	P
P	C	D	A	E	H	S	R	I
H	P	E	C	I	S	R	D	A
S	D	C	H	A	R	P	I	E
R	A	I	D	P	E	H	C	S

64

E	A	G	L	D	O	M	R	I
R	D	O	G	I	M	L	E	A
M	I	L	E	R	A	D	G	O
I	E	D	R	L	G	A	O	M
L	R	A	M	O	E	I	D	G
G	O	M	D	A	I	E	L	R
A	G	E	O	M	D	R	I	L
D	L	I	A	G	R	O	M	E
O	M	R	I	E	L	G	A	D

71

M	P	A	O	N	S	H	I	C
N	I	C	P	H	A	M	O	S
O	H	S	I	C	M	N	A	P
P	A	I	H	S	N	O	C	M
S	O	M	C	P	I	A	N	H
C	N	H	A	M	O	S	P	I
I	S	P	N	A	H	C	M	O
A	M	O	S	I	C	P	H	N
H	C	N	M	O	P	I	S	A

12

B	I	H	Z	V	R	E	M	T	A
E	A	M	R	T	V	H	Z	I	B
Z	V	R	A	B	E	T	H	M	I
I	T	E	M	H	Z	B	A	R	V
A	B	T	E	I	H	M	R	V	Z
R	M	V	H	Z	T	A	I	B	E
V	E	A	T	R	I	Z	B	H	M
H	Z	B	I	M	A	R	V	E	T
M	H	Z	V	E	B	I	T	A	R
T	R	I	B	A	M	V	E	Z	H

28

S	H	P	C	D	L	A	E	R	T
L	E	T	R	A	D	S	H	P	C
R	A	D	T	S	C	H	L	E	P
C	L	H	E	P	R	T	D	S	A
T	P	C	D	R	H	E	S	A	L
A	S	E	H	L	P	C	T	D	R
D	C	R	A	E	T	L	P	H	S
P	T	L	S	H	E	R	A	C	D
E	D	A	L	C	S	P	R	T	H
H	R	S	P	T	A	D	C	L	E

36

K	I	H	E	R	Z	L	D	O	S
L	O	D	S	Z	K	I	H	E	R
Z	D	S	I	K	L	O	R	H	E
O	R	E	H	L	D	Z	I	S	K
D	K	R	O	E	I	H	S	Z	L
S	L	I	Z	H	R	E	K	D	O
H	E	K	R	O	S	D	L	I	Z
I	Z	L	D	S	O	K	E	R	H
E	S	O	K	I	H	R	Z	L	D
R	H	Z	L	D	E	S	O	K	I

46

D	Y	S	E	L	A	I	R	W	T
A	I	R	W	T	D	S	E	L	Y
R	L	E	A	S	I	W	T	Y	D
Y	W	D	T	I	S	R	A	E	L
I	S	T	R	A	W	L	Y	D	E
E	D	W	L	Y	R	A	S	T	I
S	R	L	D	E	T	Y	W	I	A
T	A	Y	I	W	E	D	L	S	R
W	T	I	Y	R	L	E	D	A	S
L	E	A	S	D	Y	T	I	R	W

51

H	T	E	I	L	G	F	A	N	V
N	A	G	V	F	I	E	L	H	T
T	N	V	L	H	E	A	F	I	G
G	E	F	A	I	T	H	N	V	L
A	L	H	F	N	V	T	G	E	I
V	G	I	E	T	A	L	H	F	N
I	H	A	N	E	L	G	V	T	F
F	V	L	T	G	H	N	I	A	E
E	I	N	G	A	F	V	T	L	H
L	F	T	H	V	N	I	E	G	A

59

L	S	O	F	W	C	R	M	A	E
C	A	R	M	E	L	W	F	S	O
R	C	W	S	M	A	E	O	F	L
F	E	A	O	L	S	C	R	M	W
M	R	E	C	F	O	S	W	L	A
O	W	L	A	S	M	F	E	R	C
S	M	C	E	A	R	O	L	W	F
W	O	F	L	R	E	A	S	C	M
A	L	S	W	O	F	M	C	E	R
E	F	M	R	C	W	L	A	O	S

62

L	K	O	S	H	E	R	V	I	A
I	E	A	R	V	K	L	S	H	O
K	S	V	A	O	R	E	I	L	H
E	L	H	I	R	V	O	A	S	K
V	O	S	K	E	H	A	L	R	I
R	I	L	H	A	S	V	O	K	E
A	V	K	L	I	O	H	R	E	S
O	H	R	E	S	L	I	K	A	V
S	A	E	V	L	I	K	H	O	R
H	R	I	O	K	A	S	E	V	L

66

M	T	G	I	D	E	O	N	S	A
N	A	E	O	S	I	T	G	M	D
T	N	I	G	E	D	S	M	A	O
S	D	O	M	A	G	N	I	T	E
D	E	N	T	O	A	M	S	I	G
I	G	A	S	M	N	E	O	D	T
O	M	D	A	T	S	I	E	G	N
G	I	S	E	N	T	A	D	O	M
A	S	M	N	G	O	D	T	E	I
E	O	T	D	I	M	G	A	N	S

24

P	I	C	N	T	S	H	A	U	E
A	E	U	H	S	C	T	I	N	P
I	U	N	E	P	A	S	C	H	T
C	A	S	T	H	N	I	P	E	U
T	C	E	P	A	I	U	H	S	N
H	S	I	U	N	T	C	E	P	A
N	T	H	I	U	P	E	S	A	C
E	P	A	S	C	H	N	U	T	I
U	H	T	A	I	E	P	N	C	S
S	N	P	C	E	U	A	T	I	H

32

M	S	B	G	Z	L	T	A	E	O
T	A	E	O	L	S	Z	B	G	M
L	O	T	E	M	Z	B	G	S	A
S	B	A	Z	G	O	L	E	M	T
B	E	L	T	O	G	S	M	A	Z
G	Z	M	A	S	B	E	T	O	L
Z	G	O	L	E	M	A	S	T	B
A	M	S	B	T	E	O	L	Z	G
O	T	G	S	B	A	M	Z	L	E
E	L	Z	M	A	T	G	O	B	S

41

A	H	E	Z	N	K	T	S	C	I
I	S	C	T	K	A	E	H	N	Z
Z	I	H	S	A	E	K	C	T	N
C	E	N	K	T	H	I	A	Z	S
N	A	K	C	E	T	Z	I	S	H
H	T	S	I	Z	N	C	K	E	A
K	Z	I	E	S	C	A	N	H	T
T	C	A	N	H	I	S	Z	K	E
E	N	Z	A	C	S	H	T	I	K
S	K	T	H	I	Z	N	E	A	C

48

C	T	I	A	S	M	P	H	K	O
K	H	M	P	O	T	A	I	C	S
M	S	A	C	H	O	I	K	T	P
O	K	T	I	P	A	S	C	H	M
T	A	P	H	M	I	K	O	S	C
S	O	C	K	I	P	T	M	A	H
H	M	K	T	A	C	O	S	P	I
I	P	O	S	C	K	H	T	M	A
A	I	S	M	K	H	C	P	O	T
P	C	H	O	T	S	M	A	I	K

52

C	D	E	A	N	B	T	F	R	O
T	O	F	R	B	A	C	D	N	E
A	T	R	E	F	N	D	B	O	C
O	B	C	N	D	E	F	R	A	T
N	R	B	D	E	F	O	C	T	A
F	C	A	T	O	D	E	N	B	R
E	N	T	F	R	O	B	A	C	D
B	A	D	O	C	T	R	E	F	N
D	F	O	C	A	R	N	T	E	B
R	E	N	B	T	C	A	O	D	F

60

M	E	D	Y	J	O	N	A	H	S
A	O	N	S	H	J	D	E	M	Y
N	J	S	D	Y	H	M	O	E	A
O	M	E	H	A	S	Y	D	N	J
J	D	M	N	E	A	S	H	Y	O
S	Y	H	A	O	D	E	N	J	M
D	S	Y	J	N	E	A	M	O	H
E	H	A	O	M	N	J	Y	S	D
H	N	J	M	D	Y	O	S	A	E
Y	A	O	E	S	M	H	J	D	N

63

P	A	L	E	Y	R	U	T	H	C
T	H	C	R	U	A	E	L	Y	P
H	C	Y	U	P	T	A	R	L	E
E	T	A	L	R	U	Y	C	P	H
L	U	P	C	A	E	H	Y	T	R
R	E	H	Y	T	C	L	P	A	U
U	P	R	A	E	Y	T	H	C	L
Y	L	T	H	C	P	R	E	U	A
A	Y	E	P	L	H	C	U	R	T
C	R	U	T	H	L	P	A	E	Y

69

O	L	A	T	R	I	B	E	G	N
I	N	E	B	G	A	L	R	O	T
L	R	I	E	T	G	N	A	B	O
N	B	G	O	A	R	T	I	L	E
E	T	B	G	N	L	I	O	R	A
A	O	R	I	L	B	E	N	T	G
R	G	O	N	E	T	A	L	I	B
T	I	L	A	B	E	O	G	N	R
G	A	T	L	O	N	R	B	E	I
B	E	N	R	I	O	G	T	A	L

68

A	N	E	T	B	R	O	H
R	B	H	O	A	T	N	E
H	E	B	R	O	N	T	A
O	T	N	A	R	H	E	B
B	R	T	N	E	A	H	O
E	O	A	H	N	B	R	T
N	H	O	B	T	E	A	R
T	A	R	E	H	O	B	N

72

F	R	T	N	H	S	A	E	I
A	I	H	T	E	R	S	N	F
S	N	E	F	A	I	T	H	R
H	E	N	R	F	A	I	S	T
I	T	F	E	S	N	R	A	H
R	A	S	H	I	T	N	F	E
N	F	A	I	T	H	E	R	S
T	H	R	S	N	E	F	I	A
E	S	I	A	R	F	H	T	N